청동화로

오숙자 지음

발행처 · 도서출판 청어
발행인 · 이영철
기　획 · 강보임 | 김홍순
영　업 · 이동호
편　집 · 김영신 | 김인현
디자인 · 오주연
제작부장 · 공병한
인　쇄 · 두리터

등　록 · 1999년 5월 3일(제22-1541호)

1판 1쇄 인쇄 · 2009년 4월 1일
1판 1쇄 발행 · 2009년 4월 11일

주소 · 서울시 서초구 서초동 1588-1 신성빌딩 A동 412호
대표전화 · 586-0477
팩시밀리 · 586-0478

블로그 · http://blog.naver.com/ppi20
E-mail · ppi20@hanmail.net
ISBN · 978-89-93563-21-4 (03810)

청어詩

| 오숙자 시집 |

청동화로

청어

청동화로

청동화로

| 시인의 말 |

한없이 어설프기만 한 나의 흔적들
내 오랜 분신들을 세상에 내보내기 위해 많은 시간
걱정과 고민을 함께 하였습니다
아직은 덜 여물고 채워지지 않은 부족함들이
자꾸 뒤를 붙들고 놓아주지를 않지만
내 삶의 등불과도 같은 진솔한 이야기들을 나누고 싶었습니다
삼종지도의 그늘 밑에서 웅크려 있던 잠재된 삶의 자락들과
실종되어가는 나를 찾는 일이
시와 맞서는 일이었음을 새삼 고백합니다
시를 쓰면서 많이 행복했습니다
길거리에서 마주친 낯선 풍경들과
넓은 들판에서 만나는 수사들
그리고 내 안에서 끊임없이 자맥질을 해대는
내 안의 나를 끄집어내면서
여전히 설익은 나의 분신을 세상에 내놓고자 합니다

늦은 문학의 길을 열어주신 한인숙, 배두순 선생님께 감사드리며
늘 헌신적인 사랑과 열정으로 응원해주는 가족들
그리고 사랑하는 남편께 깊은 감사드립니다

벚꽃 흩날리는 봄날에
오숙자

c·o·n·t·e·n·t·s

1 삶의 모퉁이

2 눈을 감으면

3 봄비와 햇살

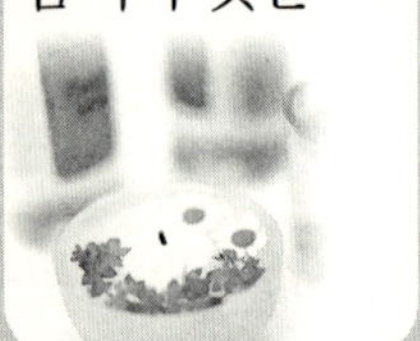

4
돌아보는 길

5
산사의 목탁소리

청동화로

1
삶의 모퉁이

삶의 진실을 건져 올리는 일
시의 손목을 잡아보는 일
몇 굽이 삶의 모퉁이를 더 돌아야
이룰 수 있을까
공연히 차가운 밤에
침묵만 더해본다

• • • • • • • • 청동화로

어머니의 관절

어머니의 치마폭에선
보리밥 짓는 짚불 냄새가 난다
그을음에 섞인 부뚜막을 행주치마로 훔쳐내시곤 하던
오늘밤 서걱이는 바람이
어머니의 치맛자락 스치는 소리인가
질박한 세월
몇 남매의 자식들 출가시키고
텅 빈 방 세월 지키며 관절 앓는 소리인가
그리움을 안으로 끌어안는 외마디 외침인가
뼈마디에 바람만 스쳐도
낡은 세월이 흔들릴 것 같은 어머니
기나긴 세월 견디느라 옹이진 손 매듭
어머니는 그렇게 세월을 비우고 계셨다

내 안의 관절들 어머니를 찾는지 꿈틀 돌아눕는다

청동화로

시집올 때 가져온 청동화로
숯덩이 가득 담아 시집살이 녹이던 화로
아낙네들 수다가 녹여지고
삼종지도의 사연들이 녹아들던 질펀한 화로
어린 것들 잠든 밤
늦은 귀가를 기다리다
인두질에 깊은 밤은 하얗게 새고
바늘귀보다 팍팍한 시집살이
한 땀 한 땀 봉하던 밤
청동화로의 불꽃들이
추억으로 되살아난다

맷돌

세월의 뒤안길에서
빛을 잃어가는 쓸쓸한 맷돌
여인네들이 돌려대던 그 세월이 정지된 채
먼지만 뒤집어쓰고 있다
어머니의 청춘을 갉아먹던 맷돌
어머니의 고단함이 힘겹게 돌아가고
가루가 되어 흩어지던 날들
어머니는 맷돌을 돌리며 삶을 지켜내셨다
지금은 문명의 배후에서
구석진 자리를 잡고 앉아
돌의 길을 일러주고 있다
묵묵한 돌의 길을 알고 계셨던
내 어머니

녹슨 호미자루

외양간 처마 밑 매달린 호미
닳고 닳아 자루가 빠져나간 세월
외롭고 쓸쓸했을 어머니의 흔적이다

콩밭에 묻힌 가족사처럼
어머니의 기억도
풍화된 세월에 녹슬어간다

자루도 없는 호미를 본다
이젠 내 자리가 되어
무딘 세월을 새겨 넣는다

어머니의 추억을 가슴에
가득 담아본다
호미 끝으로 일궈냈을 먼 세월
점점 가까이 다가온다

거목

여기 이곳에
거목 한 그루 있다
바람이 머물도록 푸른 잎을 내주고
햇살이 쉴 수 있게 허공에 물길을 내주는
일흔의 고개를 지켜낸 거목 한 그루가 있다
그 나무 삼남매의 그늘이 되고 뿌리가 되어
마디와 마디 사이 사랑의 행간을 일구고 있다
한 줄기 바람에도 마음의 결을 세우고
한 모금의 물기에도 오아시스가 되는 그런 사람
여기 한 그루 거목으로
우뚝 서 있다
삶의 물결로 나이테를 만들고
모진 세월 뿌리 깊은 사랑으로 거머쥐고
숲을 이루고 열매를 맺는
든든한 거목 한 그루
이곳에 있다

도라지꽃

도라지 밭에 앉아서 꽃잎을 보네
엷게 받쳐 입은 보랏빛 고운 적삼
찬이슬 머금은 수줍은 몸짓
청초함 속에 화려함이 묻어나는
알 수 없는 매력을 느낀다
고운 너의 색은 어디에서 왔느냐
사랑의 순한 눈길 안으로 모아
가만히 떠올린 별의 미소
맑고 화려함 속에 이내 마음 끌리어
모난 마음 둥글게 포용하고
인생이란 고통의 바다에서
포근한 안식처를 너에게서 배우고
삶의 향기가 솟아오른다

둥지

눈이 시리도록 차가운 겨울
비워진 까치집에 하늘이 오롯이 담겨 있다
숲으로 무성했던 지난여름
까치 한 쌍이 사랑을 나누고
꿈을 키우던 아늑한 보금자리
한 입 한 입 먹이 나르며
예쁜 새끼 키우더니
빈집이 되었구나
폐가 같은 둥지를 쓰다듬는 바람소리
지난여름의 왁자했던 기억이 걸려 있구나

까치 울음소리가 들린다
이제는 장성하여 가끔씩 오고가는 내 분신들도
까치에 버금가는구나
공연히 문 쪽으로 발길을 옮기며
노파심에서 목을 길게 내밀어본다

내 생일

그래
산다는 것은 축복이자 즐거움이다
둥지 떠난 자식들 하나 둘 모여들어
반가움으로 얼싸안는데
힘들었던 세월이 품속에서 함께 꿈틀거린다

잠깐 눈자위가 뜨거워지지만
때 맞춰 앞뜰의 영산홍이 붉은 웃음을 보내준다
손자들 재롱에 환한 웃음꽃이 만개한 오늘
가족들의 축복 속에서

한번 취해보고 싶구나
불타는 영산홍의 향기에 취해보고
가족들의 사랑에 흠뻑 취해보고 싶구나

돌아가는 술잔 속에 세월이 흐르지만
꿈은 다시 넘치고 각오도 넘치는구나
자식들의 밝은 얼굴에서
내가 건져 올린 삶의 행복을 보며
그렇게 한번 얼큰하게 취해보고 싶구나

좋은 친구

믿음이 가는 기분 좋은 친구다
참을성도 많아 기다릴 줄도 안다
아무리 어렵고 힘든 답을 요구해도
절대 등 돌리지 않는 영원한 애인이다
언제나 내 마음 속에 등불을 밝혀준다
젊어서부터 줄곧 사귀어도
진실 하나만을 고집하며 나를 인도한다
늘 살아 있는 목소리로 나를 깨워준다
좋은 인생을 예고해주며
기꺼이 반려자가 되어주고 있는 것이다
나에게 삶의 기쁨을 나누어주고
생기를 불러일으키며
가장 가까이 존재하는 나의 친구는 책이다
너를 두고 보면서 나는 더 여물어지고
나의 인생은 행복을 얻어내고 있다

한 해를 보내며

저물어가는 한 해를 뒤돌아본다
들판에는 아직 낮게 엎드린 겨울이
옴짝달싹도 하지 않고 있다
어디선가 마른 풀 타는 냄새가
매캐한 연기 속에 뒤섞여
한 해를 갈무리하고 있다
활활 타오르던 불길 속에
들판의 한 해도 서서히 타들어가고
나의 가슴은 서서히 비워지고 있다
그러나
텅 빈 들판에 다시 푸른 꿈이 서면
내 가슴에도 새로운 희망의 싹이
고개를 들게 될 것이다
그때는 한 잔의 차에서 우러나온 향기
그 은은한 휴식 같은 삶을 살며
다시 새 봄을 맞으리라 다짐해본다

나들이

가끔씩, 모든 것들로부터 해방되고 싶다
나를 옭아매는 일상들
툭툭 털고 홀가분하게 풀려나고 싶다
이럴 때 여행길에 오르는 것은
나만의 자유를 찾아보는 일이다
그러나 나는 돌아온다
떠나는 것은 돌아오기의 연습임을 알고 있으므로
더 큰 떠남의 준비를 끝내기까지
작은 나들이를 하고 있는 것이다
탄생의 순간부터 새로운 탄생으로 돌아가기까지
수없는 나들이를 연습하는 生
나는 오늘도 짧은 여행길에 오르며
나들이의 목록 하나를 챙긴다

빗소리

새벽잠을 설치며 창을 연다
예고도 없이 찾아오는 빗소리
오소소 스며드는 한기를
두 팔로 꼭 끌어안는다
한낮의 더위를 쫓아내고
지상의 모든 것들에게 화풀이라도 하듯
무차별 공격으로 쏟아 붓고 있다
내 유년 어디쯤에도
저렇게 퍼부은 비가 있다
그러나 나의 유년은 용감하고 지혜로웠다
고무줄 치마를 벗어 머리를 가리고
책가방을 가슴에 꼭 껴안은 채
집이 있는 방향으로 물을 튀기며 뛰고 뛰었다
번갯불이 하늘을 가르고 천둥소리 고막을 뚫고
느티나무 아래에서 무서움에 떨어야 했다
그 빗소리 다시 들으며
추억 속의 아침을 열어본다

참새 떼

어둠이 깃들기 전
바람도 쉬어가는 움막으로
날아드는 참새 떼
허수아비 심심할까
깡통 매달아 훠이훠이
깡통은 장단 맞추고
허수아비는 춤을 춘다
톡톡 튀는 메뚜기들
부산하게 짝을 찾고
할아버지 지팡이는 수없이 허공을 친다
황금벌판 고개 숙인 나락들 비집고
참새는 영글어가는 가을을 포식하고 있다

배추와 강아지풀

겨울로 가는 빈 들녘
풀죽은 강아지풀
노랗게 가을을 토해내고
넘겨다보는 밭고랑에는
달랑 남은 배추 한 포기
파삭해진 추위에 잔뜩 웅크리고 있다
친구들 클 때 무얼 했기에
시집도 못 가고 외로이 떨고 있을까
강아지풀 슬며시 눈치를 준다
배추도 이파리를 흔들어 눈을 흘긴다
된서리 내리는 날 서로의 따듯함이 되자고
몸을 떨어 인사한다

할머니의 리어카

후줄근한 고무줄 바지 속에서
다 삭아버린 근력으로
억척스럽게 하루를 당기는 할머니의 리어카가
흩날리는 머리카락에 휘청인다
희망을 찾아 무뎌진 오늘이 떠돈다
노인의 야윈 발목에 휘감기는 바퀴살
고물을 주워 담는 노인의 가느다란 숨결이 위태롭다
노변(路邊)의 쓰레기 속에서 하루를 연명하는
그렇게 노인의 하루가 넘겨진다

달력

마지막 남은 달력 한 장
지나간 날짜들이 고개를 디밀고 수런거린다
얄팍해진 날짜들만큼이나 허전하고 쓸쓸해진 마음
내 인생도 얄팍해진다
황혼의 날들이
밤을 새워 걸러낸 내 상념들이
가슴팍으로 뜯겨지고
눅눅해진 내 마음만 빼곡하다
내 삶의 퇴적층을 본다
무수히 눌려진 감정들과 뜯겨진 일상
남겨진 날짜 위에 새로운 시간을 건다
채움보다 가벼워지는 삶
퇴적의 층으로 고여 든 황혼

삶의 모퉁이

밤이 다가오고 두꺼운 침묵이 깔린다
잎을 돌려보낸 나뭇가지
차가운 달빛을 걸치고 바람 속에 서 있다
그 나무의 세월을 더듬어본다
몇 굽이였을까
돌고 돌아온 내 세월의 모퉁이는

어느 날 나를 찾아온 시
가려움을 긁어주고 나를 대변해주는 시
다정하게 나를 끌어안는다
가끔은 별처럼 반짝거리다 사라지는 언어(言語)
잡으려 하면 더 멀리 달아나는 언어들

삶의 진실을 건져 올리는 일
시의 손목을 잡아보는 일
몇 굽이 삶의 모퉁이를 더 돌아야 이룰 수 있을까
공연히 차가운 밤에 침묵만 더해본다

나를 반추해본다

나 자신을 알라 했듯가
스스로에게 채찍을 가해본다
겸손했는지를 물어본다
행복하기 위해 행복해야 할 사람은 나여야 한다
내가 밝은 태양이 되어야 가정이 밝고 건강하다
나를 반추해본다
파도가 쉼 없이 움직여 바닷물을 섞고
등대가 어둠을 밝혀 안전한 항해를 도와주듯
누군가의 등불이 되기 위해선
나 스스로 밝은 빛이어야 한다
또한 소금이어야 한다
멋진 삶이 되기 위해 스스로를 잘 다스려야 한다
바람에 흔들리는 갈대가 아닌
사철 푸르른 소나무가 되고 싶다
가치 있는 자리에서
가치 있는 삶을 추구하고
배우고 익히는 일에 앞장서리라 다짐한다
감사하는 마음
떳떳한 사람
받은 만큼 베풀 줄 아는 멋진 삶을 꿈꾼다

2
눈을 감으면

눈을 감으면 떠오르는
그리운 시절
살얼음 뜬 동치미처럼
삼삼한 추억들
되새김처럼 떠오르는
어린 시절이
구멍 뚫린 세월처럼
자꾸만 시리다

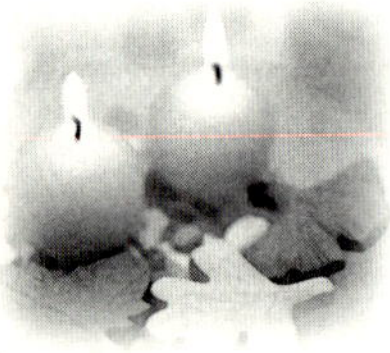

· · · · · · · · 청동화로

팔랑개비

한나절의 골목 바람이
아이들을 돌리며 빠져 나간다
쉬지 않고 돌아가던 팔랑개비
돌부리 차며 피 맺혀도 아픈 줄 모르고
푹 빠져 돌아 하루를 돌린다
내 어린 시절의 한때도 돌아간다
노을 끌고 온 팔랑개비 수수깡
산모퉁이 지나던 해거름이 되자
내 안의 공복이 돌아간다
사람 발길 끊어져 처마 밑에 불 밝혀도
지칠 줄 모르고 돌아가는 팔랑개비
빙빙 돈다
기억이 돌고 첫사랑이 돈다
이젠 먼 추억이 되어버린 시절
언제 다시 팔랑개비에 지난 시절을 담아 돌리나

두레밥상

내 어릴 적
두레밥상에는 할아버지 할머니
인자한 얼굴이 있었고
어머니 아버지 언니와 동생들이 둘러앉아 있었고
가끔은 이웃 친척들이 간식처럼 끼어들어
밥상에 둘러앉아 분위기를 만들어
푸성귀처럼 싱그럽고
비빔밥처럼 맛깔스럽게 비벼지곤 했다
외지에 나가 사는 오라비가 오면
별식 같은 생소한 맛을 밥상 위에 얹어주기도 했다
늘 배부른 식사가 뒤따랐다

지금의 내 밥상을 둘러보면
흰 쌀밥에 고기반찬이어도 입맛이 없다
아들과 손자도 없는 쓸쓸한 밥상이다
울타리 너머 해바라기 슬며시 안을 훔쳐보고 있다
해바라기 둥근 가슴에도
까맣게 탄 외로움 촘촘히 새겨지고 있다

오래된 사진

문갑 속 오래 된 사진들
추억들을 뒤적이자 생각이 꼬리를 물고 맴돈다
응달에 가려
빈 쭉정이 같은 세월도 있고
이끼처럼 눅눅해진 기억도 있다
밤하늘의 유성처럼 샛별 같은 시절도
폭포 같은 격동의 시간들도 여기 있다
콩 껍질을 비틀듯 시간을 벗긴다
잘 여문 콩처럼 튀어나오는 그리움의 한때
가슴으로 안았던 순간들이
파도처럼 밀려온다
못다 한 꿈도
못다 한 열정도
한 장의 사진 속에 담겨 있다
오래된 사진들을 보면
한 사람의 삶이 들어 있다

고무줄

짧은 그림자 속에
상점의 한 모퉁이를 장식하고 있는 고무줄에서
내 유년의 세월이 튀어 나오고 있다
수런거림 속에 고무줄에서는
팔딱팔딱 뛰는 놀이가 살아서 맴돌고 있다
친구들과 깔깔대며 노래에 맞춰 감고 풀고 뒤돌아서는
나의 살던 고향 꽃피는 산골
복숭아꽃 살구꽃 하며 목청껏 노래하던 어린 시절
개구진 남학생이 고무줄 끊어놓고 도망가는 뒷모습이
오늘도 아련히 떠오른다
잠시나마 어린 유년의 시절에
행복의 미소를 지어보았노라고

그해 여름의 소리

초저녁 밤꽃 향기 은은히 풍기고
보랏빛 감자 꽃 숨 넘어가는 소리
입안 가득 꽈리에서 터지는 유월 깨무는 소리
가마솥에서 익어가는 구수한 유년의 소리
감자보다 뜨겁던 재잘거림에
초저녁 별 놀라 떨어지는 소리
할아버지 곰방대에 옛날이야기 털리는 소리
국수 밀던 어머니의 홍두깨 돌아가는 소리
그해 여름의 소리들은 분주했다
할아버지의 망태에서 쏟아지던 배꼽참외가 그러했고
콩국수의 긴 사연들이 또한 그러했다

수제비 뜨다 문득 그리워지는 유년
양념 대신
그 시절의 그리움으로 간을 해볼까

하얀 그리움

하얀 눈길 따라
자박자박 거닐던 돌담길
눈 위에 찍히는 까막 고무신
내 한때의 성장이 찍히고
추억이 묻어났다

눈밭에
새겨놓고 떠나온 고향
댓돌 위 아버지의 헛기침 소리가
눈 위에서 뒹군다
그리움은 눈송이 되어
펑펑 쏟아지고 있다

우리 아버지

나는 작은 종지다
크고 엄하신 아버지 슬하에서 자랐건만
나는 아직 작은 종지다
아버지는 큰 그릇임이 분명하다
큰 그릇에 담긴 쓴맛 단맛 매운맛을
맛깔스럽게 버무리고 역경은 멀리 쫓아버린
우리 아버지
세상을 품어내던 넉넉한 가슴
넉넉한 정
살아갈수록 크게만 느껴진다
아버지의 그릇을 닮고 싶다
오늘밤 꿈속에서는 뵈올 수 있을는지
자꾸만 보고파진다

그 은혜에 감사드리고 싶다
못난 딸을 무던히도 아끼고 사랑하던 아버지
사랑합니다
보고 싶어 눈물이 납니다

어머니의 기도

노송에 보름달이 걸릴 즈음
어머니는 기도를 하시곤 했다
정한수보다 맑은
보름달보다 꽉 찬
기도를 하시곤 했다
객지에 나간 아들이 무사하길
달이 산등성을 넘도록 빌곤 하셨다
촛농으로 흘러내리는 어머니의 간절함이
정한수보다 맑게 빛나고 했다
자식을 위해
손발이 다 닳도록 기도하시던
이제는 다 놓으시고 떠나신 어머니

아버지의 생신

가난에 찌들었던
보릿고개엔 온 동네가 허리띠를 졸라맸다
비린내 풀풀 나는 가난을
석쇠에 구워 눈치만 젓가락질하던 시절
굴비 한 마리
온 동네가 비린내를 나누었다
가난해서 고통 받던 내 유년
아버지의 생신은 돌아오건만
큼직한 굴비 상에 올려놓고
아버지 불러 봐도
그 시절 다시 오지 않고
허무한 젓가락질만 하던 빈 손
지나간 추억이 되었다

등대지기

어머니는 등대입니다
영원히 꺼지지 않는 불꽃입니다
거센 파도가 몰아쳐도
어둠이 엄습해 와도
잠시도 게을러질 수 없는 어머니는 등대입니다
당신이 등대였음을 제가 그 자리를 지켜야할 때
비로소 알게 되었습니다
자식들이 향하는 곳이 어디든
늘 사랑의 불을 환하게 밝히셨습니다
어둠 속에서의 불빛이 더 찬란하듯
그렇게 빛나셨습니다
어머니가 그러셨듯이
자식들에게 등대가 되렵니다

고향 생각

아랫목 구들장에 등 기대면
칼바람에 바르르 떨던 문풍지 소리 들린다
황소바람은 바늘구멍을 찾아 들어서고
윗목 자리끼에 살얼음 들던 옛 고향집
청솔가지 매캐한 연기는
시집 간 언니 그리워 우는 눈물인가
화롯가에 둘러앉아 고구마 익을 때를 기다리다
등잔불에 속눈썹 먼저 구워지고
동치미에 꽂힌 몇 개의 숟가락들
이제는 새콤한 그리움으로 입안 가득 고인다
할머니의 옛날이야기에 헐리던 긴 겨울잠
지울 수 없는 고향의 그리움이
군고구마처럼 노랗게 익는다

오성산 그 바람

나그네 마중하는 시원한 바람
오성산 자락에서 길 잃고 앉아 있는
나그네의 어깨를 감싸주고 있네
등산객들의 발목을 잡는 마루턱에 앉아
어디서 어디로 간다는 말 듣고 싶구나
켜켜이 쌓인 의문
산을 오르며 내가 나에게 물어보지만
이름 없이 피었다 지는 한 송이 꽃처럼
아련한 추억이 담긴 세월만 돌아본다
옛 시절을 함께 뛰놀던 노루가 그리웠을까
늙은 노송이 그림자를 늘어뜨려 손짓하는 선달고개
노루는 간 곳 없고 안개만이 모여든다
뉘엿뉘엿 산등성을 기어오르던
노을이 벌겋게 달아오르면
오성산 그 바람 정답게 불어온다
내가 살던 정든 고향
덕봉리를 지키는 오성산 그 바람이 분다

겨울나무

길섶은
나무들이 벗어놓은 옷으로 소복하다
걸친 것 하나 없이 훌훌 벗어던지고
혹독한 겨울 어찌 보내려고
가진 것 다 털어내나

새 봄을 잉태하듯 마음 비우고
속으로 깊어지는 마르도록 아픈 모성
진액 뽑어 나이테 만들고
안쪽으로는 새순을 품는
겨울나무들
사랑은 기다림의 완성인가
봄을 키우고 있는 저 나무들

콩 타작

가을 한 자락을 밭고랑에
질펀히 깔아놓았다
구부정한 허리에 한낮의 가을을 잡아 묶고
노부부는 손길이 바쁘다
여름내 땀 흘린 손길
톡톡 튀는 노란 황금색의 콩알
한 알의 씨앗이 많은 기쁨을 준다
노란 가을을 자루에 퍼 담는다
언제나 땅은 정직하다
거칠어진 손마디는 세월의 정표던가
넘어가는 석양에
콩 튀는 하루가 노부부는 바쁘다

소쩍새

어둑한 숲속
어디에선가
밤새가 울고 있다
애잔하게
허공을 물어뜯고 있다
소쩍 소쩍 솥 적다
보릿고개를 넘기며
가난을 풀풀 날리며
허기진 밤을
꼬박 울고 있다

눈을 감으면

눈을 감으면
유년의 한 모퉁이가 떠오른다
콧물이 눌러 붙은
나일론 잠바의 소맷자락은 반질거리고
거북이 등처럼 터진 곱은 손으로
추녀 끝 고드름을 빨아먹던 시절
마음은 아직 그곳에 머물러 있는데
귀밑머리는 희끗거리고
눈을 감으면 떠오르는 그리운 시절
살얼음 뜬 동치미처럼 삼삼한 추억들
되새김처럼 떠오르는 어린 시절이
구멍 뚫린 세월만큼 자꾸 시려온다
언제나 잊혀질까
눈을 감으면 떠오르는 생각들

동창생

자금자금 깊어가는 주름의 골들
삶의 무게 한숨으로 내려놓고
54년 세월의 무게에 눌린 사연들
실타래처럼 풀리는 아름다운 추억들
바쁘다는 핑계로 만나지 못하고
기나긴 기다림에 타는 듯 목이 말라
종가에 모여 희로애락 회포 풀고
하하 호호 하루해가 빠진다
접힌 마음 열어 만남을 기약하고
장맛 같은 구수한 정 감칠맛이 살아나고
주름진 가슴 다독여주며 불꽃같은
웃음꽃 피웠노라

삶의 도약

새하얀 달빛에 취하여
잠을 청할 수가 없어요
코끝에 달려 있는 졸음을 뿌리쳐 봅니다
흘러간 세월을 되돌려보면
역경 속에서도 향기를 잃지 않은 나의 임
힘찬 걸음걸음으로 걸어가던
그대의 발자국이 있었기에
오늘이 있네요
당신이 자랑스러워요
앞만 보고 걸어온 당신이 고마워요
이제는 거목이 되신 당신
그늘을 펼쳐놓고 자식들의 사랑이나 바라보세요
황혼의 삶,
늘 베풀며 살아가고자 하는 우리가 되어
당신의 참뜻을 기리며
영원히 행복하게 살고 싶네요

3
봄비와 햇살

마디마다 푸른 관절을 꺾는
저 신음소리
푸르게 터지는
삼월의 젖망울들
들판이 온통
푸른 물결로 고인다

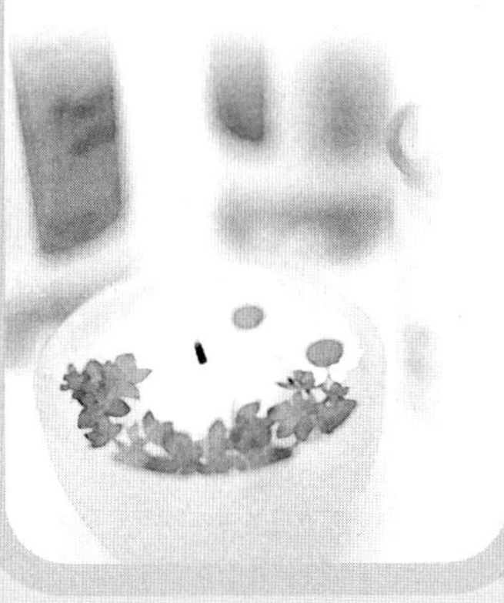

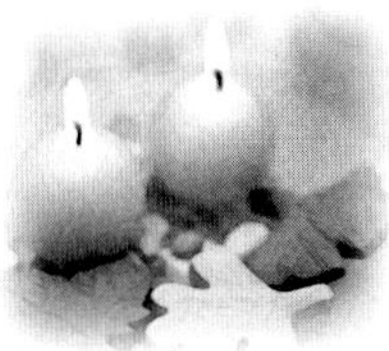

청동화로

아카시아

저녁연기 하늘로 치솟고
솔바람 나부낄 때
아카시아 꽃향기 온 동네 번진다
가시에 찔린 가슴
몸살을 앓아도
그 향기 그윽하다
팝콘처럼 피어난 아카시아 꽃
한 무리 흰 오월이
산허리를 휘감는다

봄이 오는 소리 1

잠든 숲을 깨우는 맑고 고운 새소리
남쪽의 훈풍을 물고 왔는가
옷깃을 스치는 바람이 너그럽다
쫄쫄 흘러가는 물소리는
두텁게 쌓여 있던 겨울의 묵은 사연들을
씻어내는 것 같다
검불 속에 봄나물 기지개 치며
살포시 얼굴 내밀며 햇살을 맞이한다
비 지나간 뒤뜰에
맑은 향기 스며들어
새벽 창으로 신선한 공기를 넣어주고 있네

봄이 오는 소리 2

섬마을 파릇한 이랑을 따라
나물 캐는 아낙들의 웃음 속에
스며드는 봄
매화꽃 망울에 맺힌 영롱한 이슬
햇살이 톡톡 떨어뜨리고 가면
박새는 하늘 높이 날개를 펼쳐 보인다
양지바른 곳을 골라 앉은 냉이 꽃 속에는
아득했던 고향 길이 보인다

마음보다 먼저 봄을 몰고 오는 바람
묵은 동백나무에서 새순을 꺼내기 시작하면
사람들의 가난한 마음에도
꽃망울 터지듯 새로운 정이 솟아오르고
봄은 좀 더 가까이 다가올 것이다
봄은 좀 더 가까이 다가올 것이다

여기저기 들려오는 봄의 소리 정답다

연꽃

연꽃 피었네
진흙 속에서도 청아하게 피어나는 향기로운 꽃
우아한 자태로 정진하고 있네
맑게 살라고
세속에 때 묻지 말라고
맑은 이슬 굴리며 조용히 속삭이고 있네
부드러운 줄기로
아름다운 매무새로 자신의 지조를 지키고 있는 꽃
연잎 위에 떨어진 욕심들 떼구르 굴려
제 안의 번뇌를 줄이는 지혜로운 꽃
넓은 잎처럼
세상을 품고 살라 조용히 일러주네

통영

티끌 하나 보이지 않는 맑은 하늘
그 청명한 하늘처럼 역사와 문화도
높고 깊다는 통영을 걸어본다
동피랑 길도 걸어본다
달동네의 가난을 벽화로 남길 줄 아는
조촐한 예술마당에 사람들이 기웃거리고 있다
아시아의 나폴리 통영
동피랑이 있고
바다냄새 솔솔 풍기는 사람들이 있고
하늘은 그저 높기만 하여라

신비스러운 자연을 그대로 간직하고 있는
바다의 한 모서리에서
주고받는 술잔엔 철철 정이 넘친다

매화꽃

바람이 운다
쌀쌀한 날씨 탓이다
바람은 매화나무 그림자를 흔들며
꽃을 재촉하고 있다
움츠렸던 나무가 추위를 물리치고
꽃을 내밀기 시작한다
묵은 나무의 몸을 헤집고 하나 둘
등촉을 밝히는 꽃
송이송이 서로를 들여다보며
봄을 밝힌다
나무의 몸통에서 멀리 떨어져 있는
작은 가지들은 아직도 목이 마르다
머지않아 물 길어 올리는 소리
마른 가지들을 깨우면
작은 꽃망울들 쏙쏙 머리를 내밀고
꽃들의 아우성에 나무들은 몸살을 앓겠다

사성암

구불구불한 길을 따라가지만
구부러진 마음은 쭉쭉 펴지는 것 같다
잡풀들의 안내를 받으며
험한 고갯마루에 다다르니
이름 모를 꽃 한 송이가 반겨주고 있네
천 가지 소원을 얹어 쌓았다는 돌탑
벼랑에 기둥 세우고
바위벽에 모셔진 약사전, 약사여래불
그 미소는 천년 세월에 닳지도 않는구나
네 명의 고승들이 수도를 하고
그중에 원효스님은 선정에 들어
손톱으로 마애불을 새겼다는 여기 사성암
내 마음의 소원 하나를 부려놓고 돌아보니
저 아래 섬진강 줄기 속에
우리 사는 세상이 고요히 흘러가고 있네

봄비와 햇살

살갗 터진 봄
가랑비가 적시고
남풍이 겨울을 벗긴다
나무들 빈 마디마다 햇살을 들이붓자
겨우내 얼어 있던 아랫도리가 풀리기 시작한다
연둣빛 물기를 한숨에 가지 끝까지 밀어올린
나무의 목젖
불끈 솟은 푸른 혈관이 마구 터진다
마디마다 푸른 관절을 꺾는 저 신음소리
푸르게 터지는 삼월의 젖망울들
들판이
온통 푸른 물결로 고인다

청원사

마음 스산한 날
청원사 부처님을 찾아간다
내 안의 근심 밀어내려고
해우소를 찾는다
비움은 또 다른 채움인가
번뇌 망상 모두 비우려고
일상의 누더기를 촛농으로 녹인다
국화꽃 졸린 꽃술은 염불에 깨어나고
풍경 소리는 산사의 고요를 흔든다
마음 한 자락 내려놓고 돌아서는 길
골짜기를 밝히던 구절초
절간의 목탁소리에 귀 기울이는지
꽃 문을 활짝 연다

변산반도의 석양

저 태양이 지면 내일이 오겠지
빨갛게 바다를 물들인 낙조
시린 가슴을 따스하게 녹여주고
내일을 헤쳐 나갈 삶의 여유를 찾아
잊혀지지 않는 존재로 머무르고 싶다
하루를 마무리해주는 석양의 빛에
좀 더 가까이 다가가고 싶어
해안을 돌아본다 아쉬운 시간
수평선에 걸린 석양이
마지막 붉은 빛을 토해내고 있다
코트 깃 세우고 부둣가를 걸으며
마지막 하루를 장식해보네

연분홍 바람꽃

연분홍 꽃잎 위에 앉아
헤실헤실 헤픈 웃음을 흘리고 있는 봄볕아
꽃망울에 눈이 멀어
한바탕 꽃 멀미라도 치르는 것이냐
벚꽃을 어루만지는 순한 바람
여인의 치맛바람을 은근히 재촉하고 있네
연분홍 그 사랑을 차마 못 잊어
설레는 가슴 누르지 못하고
뭉실뭉실 꽃구름을 피워 올리는 봄아
오늘은 어이하여 나를 홀리느냐
무작정 너를 따라 떠나고 싶구나

낙산 절경

동해의 명소 낙산
푸른 물에 그림자 드리우고
가는 세월 붙들지 않는다네
괴암 괴석의 하조대는
울창한 송림과 어우러져 세상을 잊어가고
맑고 긴 백사장만 여름의 발길만 기다리고 있네
해변의 높은 절벽 위에 모셔진 원통보전을 보니
세속의 발걸음이 부끄럽기 그지없다
의상대 육각정을 지키는 굽은 노송은
천년의 절개를 가지 끝에 걸어놓았구나
동해의 해와 달도 나무 아래를 지날 때는
잠시 머리를 숙이고 간다네
천리만리 먼 길도 한눈에 헤아린다는
해수 관음상 올려다보며 관세음보살
그 혜안을 살펴본다
홍련암의 법당을 찾아 숨을 고르고
구멍 속으로 들여다본 세월
여전히 푸르고 푸르기만 하다

봄비

빗줄기는 밤새 언 땅을 뒤적이고
연산홍 서둘러 봄을 깨운다
가지마다 깨어나는 기척들
봄보다 먼저 일어난 햇살이
툭 꽃 문을 열자
소녀의 수줍음이 붉게 핀다
초경에 물든 연산홍
봄비에 흠뻑 젖는다

해녀

바다를 가르며
하루를 채우느라 지친 해녀들
물속 가쁜 숨을 몰아친다
물 밑이 생존도
인어의 노래도
해녀의 휘파람에 가벼워진다
세월이 그녀를 흔들고
바다가 그녀들의 몸짓을 기다린다
물길 따라 보내는 고된 하루
은빛으로 찰랑이는 저 바다의
살아 있는 숨소리
해녀
그녀들의 힘찬 물질로 바다가 출렁인다

탈곡기

넘실넘실 가을바람이 나락들을 쓸어간다
이랑과 이랑 사이
윗배미 아래배미 한 입씩 물었다 놓으며
가을을 집어삼킨다
농부의 웃음 논바닥 가득 쏟아지고
논두렁에 고이는 햇살
참새들이 쪼아 간다
탈곡기 지나치는 곳마다 쌓이는 알곡들
아랫마을 더벅머리 사내
늦장가에 가슴 부풀고
들녘은 탈곡기의 분주함으로 가을이 깊어간다

모내기

오월의 햇살
들판 가득 옹아리 풀어놓고
푸른 나비 같은 희망으로 모를 심는다
갈증 난 물꼬
구름을 불러 세우지만
바람은 여전히 북서풍이다
뒷산 소쩍새는 솥 적다고 울어 젖히고
밥 광주리 오기만을 기다리던 마음
논두렁 가득 햇살만 펼쳐 놓는다
막걸리보다 걸진 웃음은 풍년을 예감하고
개구리 옹아리로 하루해가 저문다

열대야

오늘밤도
열대야가 꿈을 밀어낼 것이다
그리운 사람 보고파서
뻣뻣해진 눈까풀 비비며
잠을 청해보지만
먼저 온 열대야 수면을 쫓는다
반짝이는 별도 세어본다
사랑하는 사람도 그려본다
생의 달콤한 조각과
조각난 기억의 퍼즐들이
줄줄이 쏟아져 나온다
내가 버린 한쪽 위로
또 다른 사연이 들어찬다
거실 가득 널려진 시간들
적막한 터널을 관통하고
끊임없이 파헤치는 삶의 미로
발가벗은 애벌레처럼
모퉁이마다 꾸물거리며 기어 나온다
오늘밤은
열대야가 나를 갉아먹고 있다
꿈틀거리며 세월에 밀려가는 나를 본다

매미

하루를 물리치고
슬금슬금 뒷걸음질하던 석양
시간의 가지에 걸려
잘게 부서져 내리면
침묵 속에 가둬두었던 소리의 굶주림을
맹목적으로 풀어내고 있다
종일토록 쏟아내는 서러운 사연을
귀담아 듣고 있는 나무
노을빛 그리움은
잎사귀에 올올이 걸쳐놓고
칠일간의 세상 소풍을 마치며
마지막 울음을 쏟아내는 미물
그냥 서럽다

번뇌 망상

장맛비 개인 청록색 하늘
하얀 구름 병풍 둘러 수놓은 듯
맑은 바람 옷깃에 스며든다
흐르는 계곡에 번뇌 보따리 풀어헤쳐
헹구고 또 헹구니
맑아진 신심 자연을 닮아간다
장엄한 바위자락에 널어 말린 고뇌는
한 줌의 바람에 흩어지고
홀가분한 마음 평온을 찾는다

그림자

한적한 골목 길 가로등 하나
스물스물 나를 따라온다
발꿈치를 잡아당기고는
기다란 검은 그림자 같이 가자고
자꾸자꾸 나의 뒷덜미를 잡는다
골목길 접어들자 앞장서는 검은 그림자
헐떡이는 숨 고르며 잠시 쉴라치면
그림자도 헉헉대며 숨을 내려놓는다
오가는 행인들도 뜸한
달도 별도 휴식에 든 밤
저 가로등 나를 밝힌다
어두운 곳
삶의 내면을 조용히 밝히고 있다

산맥을 넘어가는 빛 고운 노을
하루의 일과를 마치고 돌아가는
태양의 찬란한 뒷모습을 본다
지는 해의 아름다운 노역을 본다
두 눈엔 어느덧 노을 강이 지네

4
돌아보는 길

청동화로

가위 춤

엿장수가 춤을 춘다
방방곡곡 세월을 자르며 춤을 춘다
가랑이 사이에서 웃음이 흘러나온다
가위 춤에 세상의 웃음들이 몰려든다

팔려온 강아지도
소프라노에 살랑살랑
병아리도 브루스에 지르박
눌러쓴 벙거지에 담겨온 삼천리 소식
모두가 흥이 나서 들썩들썩
한판이 춤 세상
근심이 가위질에 싹둑 잘려나간다

도토리

톡톡 가을이 깊어지는 소리
상수리 숲에는
가을이 떨어지는 소리로 소란하다
주름진 목 길게 늘어뜨린 채
도토리 줍는 아낙의 손길이 바쁘다
구부러진 허리에 도리질하며
바구니 가득 가을을 채운다
키 재기를 하는 도토리들이 수런거림으로
바구니가 왁자하다

정성의 손길

흐린 하늘 제치고 찾아든 짱짱한 햇살
결실의 계절을 익히고 있다
나락들을 쓰다듬고 보듬으며
황금의 물을 부어 들판을 출렁거린다
황금 들판이 펼쳐지기까지
수백 번의 손길과 발걸음이 다녀갔겠지
농부는 아침저녁 문안을 올리듯 경배하고
노역의 땀방울을 흘리며
풍년을 기원하며 날것들의 푸덕임을 잠재우고
쏟아 붓던 정성의 걸음걸음을
그대, 밥 먹는 사람들은 아시는가
식탁에 오르기까지 손과 발 놓지 못한
농부들의 정성을 헤아려
배부른 투정일랑 하지 마소
한 톨의 밥알에는 피와 땀이 담겨 있으니
버리는 죄 짓지 말고 달게 드시오

감

울타리 한 옆에 자리 잡은 감나무
가을 한 자락 불러 세워
반 배 하며 합장을 한다
연지 볼 붉히며 큰 단주를 돌리듯
허공에 새긴 경전이라도 읽히는 듯
관세음 관세음 붉어진다
온종일 경전을 외우고 있는
수도승의 볼처럼 탱글하며 붉다
저녁 까치는 실핏줄을 터트리며
붉은 경전을 새기고 있다

바닷가에서

파도는 수평선 따라가고
아랫도리 벗어버린 바닷가에서
나는 모래성을 쌓는다
거친 파도를 꿰매며 날고 있는
갈매기의 날개깃 사이로
간간이 시린 물살이 출렁거리고 있다
방파제를 때리는 사나운 물보라
긴 백사장에는 들뜬 치맛자락 같은 돌미역이
널브러져 뒹굴고 있다
거품 물고 사라지는 파도를 물끄러미 바라보는
내 시선 너머로 밀려왔다 밀려가는 시간들
발자국들이 무너지고 젖은 바다가 무너진다
쌓아올린 모래성이 무너진다
허물어진 모래성을 뒤돌아보는 사이
나의 하루가 바다 속으로 빠져들고 있다

차 한 잔

휴우—
이제야 한숨 돌려본다
차 한 잔을 손에 들고 밖을 바라보며
긴 숨을 내뿜어본다
숨길 따라 지나간 세월들이
솔솔 따라 나온다
찻잔을 감싸든 따스함 같은 날들이 따라오고
빗속에 함몰되던 차향처럼
은은함만 남겨두고 가버린 날들도 따라 나온다
푸르던 시절의 감미로운 음악 속에서
친구와 같이 마시던 한 잔의 커피도 따라 나온다
그녀는 지금 어디서 무엇을 하고 있을까
어쩌면 이 시간 차 한 잔을 움켜쥐고
나를 떠올리고 있을지도 몰라
창밖에는 비가 내리고
찻잔을 든 나는 상념에 젖고 내 마음이 젖는다
침침한 하늘 사이로
회한의 세월도 젖어들고 있다

보도블록

도시가 뜯겨지고 일상들이 허물린다
뾰얗게 속살을 드러내는 저것들
마치 산고를 다스리는 산모의 진통 같다
한 장 들춰질 때마다 살아나는
하이힐의 통통거리는 유행어들과
여고생의 흘리고 간 첫사랑과
막 이혼도장을 찍었는지
찬바람으로 돌아서는 선남선녀까지
보도블록에서 많은 하루가 뜯겨진다
몸만큼 마음도 추워지는 날
거리 곳곳에서 튀어나오는 수사들을 주워 담는 나와
새롭게 얽혀지는 삶의 실마리를 풀려는 바람과
그리고
남은 예산을 소비하는 바쁜 손길들
도심의 하루가 불편으로 휘청거린다

한가위

둥글게 부풀어가는 마음이 설레고
가을의 향기들이 설렌다
휘영청 보름달이
흩어진 마음들을 불러 모은다
고향의 품속으로
반가운 얼굴들이 모여든다
그리웠던 얼굴들이 고향을 주고받는다
송편 익는 냄새를 맡으며 향수에 젖는다
부모님과 조상을 헤아리는 마음을 아는 듯
보름달은 높은 곳의 빛을
더욱 둥글고 환하게 떠오른다

나눔

소중한 사람들과의 소중한 경험
노년이 오면 마음을 열어 함께 나누는
아름다운 시간을 갖고 싶다
기쁨은 나눌수록 고무풍선처럼 부풀고
슬픔은 쪼갤수록 티클 만큼 작아지려니
나의 이웃
나의 살붙이
가까운 사람들과의 나누기는
얼마나 나이 들었나 하는 자랑보다는
어떻게 나이 들었나 하는 것을
자랑으로 내놓으며 살고 싶다
노년이란 준비된 자만이 누릴 수 있는
황금의 시기
늘 나누며 사는 그런 삶으로
황금의 시간을 보내고 싶다

기도

향 한 개 꽂아놓고
모든 업보 사하기를 원 그리며
잔잔한 햇빛은 경전을 비추고
따사로움을 전하고 있네
향 그릇에서는 한 가락 연기가 피어오르고
가녀린 햇살을 딛고 춤을 추고 있구나
마음을 차분하게 하는 법당의 향 내음

스님의 염불소리 허공에 흩어지고
풍경소리 바람소리 살랑거린다
땀에 흠뻑 젖은 옷소매로 솔바람 나부낄 때
번뇌 망상 다 녹여달라고
오늘도 빌고 또 빌고 있네

신호등 앞에서

지금도 기다리며 여태 살아왔는데
여기 잠시 몇 분을 못 기다려
서둘러 지나간들 무엇이 달라지랴
오 분 앞서 가려다 오십 년을 먼저 가는 인생아
아직도 수없이 넘어야 할 미로의 세월들
다급해하지 마라 질주하는 차량들아
미친 듯 날뛰지 마라 저승길이 코앞이다
마음 다소곳 더 기다리자

돌아보는 길

길도 없는 인생길을 바람 따라 살다가
세월의 주름살 부끄럽게 받아 앉았다
두 팔을 다 내밀어도 잡을 수 없는
아직도 삶의 굴레를 굴리고 있다
얼굴에는 이름 모를 들꽃처럼
검버섯도 돋아나고
비명 지르는 뼈마디 늘어가지만
인생살이 추억들만 쌓여간다
빛바랜 기억들을 갈무리하고
아직도 가슴 깊이 묻혀 있는 꿈을 반추하며
무사히 쳐다본 서녘하늘 곱기도 하다
산맥을 넘어가는 빛 고운 노을
하루의 일과를 마치고 돌아가는
태양의 찬란한 뒷모습을 본다
지는 해의 아름다운 노역을 본다
두 눈엔 어느덧 노을 강이 지네

일출

새벽하늘이 술렁인다
갑자기 산통이 시작되었다
진통이 빨갛게 부어오르고 있다
철철 끓던 몸이 뒤척거리기 시작한다
나는 입 다물지 못하고
황급한 배앓이를 함께 한다
물결을 타고 다가오는 전율을 부르르
그만 바다에 토해내고 만다
파르르 떨고 있는 내 마음 뿌리치고
구름의 허리를 휘감아 꿈틀대는 마지막 진통
크게 한 번 뒤틀더니 구름 치마폭에 왈칵
핏덩이 아기를 쏟아놓는다

노을

웃자란 흰머리 세월을 삭이고
골 깊은 이마엔 삶에 흔적이 묻어 있다
벌레 먹은 옥수수처럼
듬성듬성 헤진 치아로
세월을 깨물어 삼킨다
더디 묻어나는 삶의 향기가
검버섯으로 피어난다
거울에 비친 나를 본다
목덜미 주름진 세월이 실개천을 이루고
실개천을 빠져나간 무수한 사연들이
흑백의 필름처럼 스쳐간다
대쪽같은 삶도 굵어진 손마디도
세월 앞에서는 속수무책이다
문득 노을이 깃든다

폭포

비 개인 오후
희디흰 명주 타래가
산더미 같이 쏟아지고
철철 감겨드는 옥색 물줄기
선녀들 열두 폭 치맛자락 날리며 노닐던 폭포
한 시절 휘감아 목욕하던 곳
백옥 염주에 모아 비는 무념의 테두리 너머
영롱한 빛 무리 풀어진 명주를 감아내는
긴 기다림의 것이기에 오늘도
옥 같은 물결 선녀는 감아올리겠지

막걸리

오고 가는 이웃들
손사래로 불러들이고
텁텁한 막걸리 한 잔씩 기울이며
새참에 인정을 버무려 먹던 시절
농부들의 소박한 너털웃음은
들판을 가득 채웠었다
세월이 흐르고 농부들은
하나씩 둘씩 어설픈 새 옷으로 갈아입고
도회지로 발길 돌리고 있다
이제
막걸리 새참은 누구와 나눠 먹고
푸근한 인정은 어디서 찾을 수 있을까
막걸리와 같은 사람의 정이
자꾸만 그리워지는 날이다

캄보디아

원 달라, 원 달라
까만 피부에 눈만 반짝이는 아이들
손을 내밀며 이방인을 부르고 있다
사회주의 체제와 오랜 내란이
아이들이 꿈마저 상실시켜버린 것일까
킬링필드의 유골들이 빼곡한 유리관에는
원망의 세월이 갇혀 있다
밀림을 찾아 자유롭게 떠나지도 못한
영혼들이 멈추고 있다
그 옛날 앙코르와트의 찬란한 번영과
압살라, 춤의 여신들의 아름다운 자태는
어디로 숨었을까
탁본 속으로 들어가기라도 한 것일까
사원을 칭칭 휘감고 있는 나무들이
세월의 또아리를 틀며
앙코르와트의 전설을 감싸고 있다

몬주익 언덕

이곳에 이르러 그대를 보네
바르셀로나를 흔들고 세계를 뒤흔들던
그대의 명성, 그대의 동상을 보네
올림픽경기장을 내려다보며
그대의 가쁜 숨결을 느껴보네
환호하는 군중들 사이로 휘날리던 태극기
울려 퍼지던 애국가
우뚝 선 그대의 모습을 그리며
다시 한 번 뜨거운 박수를 보내네
바르셀로나 몬주익 언덕에는
황영조,
그대의 모습이 살아 있어
더욱 아름다운 곳이 되었다네

5
산사의 목탁소리

게으름과 나태함에서
나를 깨우는 저 소리
저 목탁소리처럼
내 마음도 맑으면
얼마나 좋을까
저 소리를 닮고 싶다

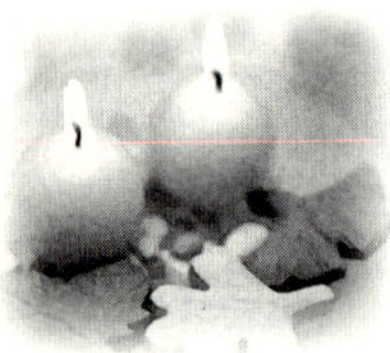

청동화로

융프라우

하얀 눈구름에 가려 천년의 신비를 이고
침묵 속에 장엄히 우뚝 서 있구나
구름 속에 가려진 얼굴 만인의 염원 속에
벗기어진 얼굴이여
처녀 같은 얼굴에 눈보라 꽃 피는
융프라우는 억세고 냉정한 빙하 속이었네
세찬 바람 속에 휩쓸고 갈 기세 잡히지 않을
세월을 구름 속에 헛손질만 하는 아쉬움
그렇게 융프라우는 영원을 휘몰아치는
바람 속에 침묵하고 서 있었다

산사의 목탁소리

산사는 조용하다
추녀 끝 풍경이 나를 반겨준다
목탁소리는 정체된 나의 의식을 두드려 깨우고
숲속의 미물들을 깨우고
산속의 고요를 깨운다
게으름과 나태함에서 나를 깨우는 저 소리
저 목탁소리처럼 내 마음도 맑으면 얼마나 좋을까
저 소리를 닮고 싶다
내 안의 나를 일깨워
저 맑은 세상을 가슴으로 받아들일 때가 왔다
칠십 고개에서 깨우치고 가다듬어 터득해야 할 길
잔잔한 소리만으로도 모두를 감동시키는
저 목탁소리처럼
합장한 내 어깨 위로 햇살이 빛났다
조용히 흘러내리고 있다

태산

태산을 오른다
멀고도 높은 산, 중국의 태산을 오른다
산보다 멀고 긴 행렬이 아득하게 산허리를 감돌고
중생들의 업장 번뇌를 씻어주려는 듯
는개가 내린다
정상을 지키는 관세음보살과 옥황상제님
한 가지 소원만은 들어준다는데
심중에 고인 사연 아무도 몰래 슬그머니 내려놓는다
지상을 딛고 올라선 죄업과
뭇사람들의 소원을 귀담아 듣다보면
긴 귀가 더 길어질 것 같구나
중생들의 염원 또한 태산같이 쌓여
길이 되어 질척거리고
가슴 깊이 새긴 염원 천길 절벽에라도 떨어질까
마음의 자물쇠로 굳게 잠그고 돌아선다
발길에 걸리는 마음의 족쇄마저 태산에 풀어놓는다
하늘 아래 높은 산, 태산에 올라
세속의 욕심들을 내려놓고
돌아서는 발길이 먼지처럼 가벼워진다

순천만 갈대숲

어쩌자고 순천만에는
세상의 갈대들이 다 몰려와서
진을 치고 사는가
갈대들을 따라 연인들의 사랑이 달려오고
철새들은 새 보금자리를 틀며 꿈을 낳고
바람은 하릴없이 갈대꽃이나 쓰다듬는다
넓은 습지에 물이 차오르면
흑두루미 한 발 올려 자는 듯이 졸고 섰네
부산한 청둥오리 떼는 군무를 펼치고
여기저기 카메라 셔터 터지는 소리 부산하다
푸른 물결을 타고 두둥실 배가 떠나면
관광객들의 환호를 받으며
하루해가 풍덩 바다에 뛰어든다
세상의 온갖 시름들이 바다 속으로 빠져든다

민들레

겨우내 언 땅 녹으면
탐스럽게 내민 잎들
안개에 몸을 씻는다
햇살이 피운 꽃들
오신 임 가던 길 세우고
눈 맞춤 하잔다
저 홀로 웃던 웃음
실바람에 실어 보내고
긴 목 고고히 세워
아픔 뭉텅이를 피워낼 줄도 알아
노란 그리움
봄처럼 핀다

제주도

제주가 노랗게 익어간다
감귤의 향기가
농익은 제주를 톡톡 터트린다
조랑말 궁둥이 흔드는 소리에
갈대가 피고
신혼부부 사랑 놀음에 지친 서귀포 바위들
숭숭 뚫린 구멍 속으로 세월을 숨긴다
하루방의 기다림도
해녀의 물질도
노랗게 익어가는 제주를 막을 수는 없다

열정

눈길 닿는 곳마다 가을이 활짝 핀다
코스모스 향기 넘실대는 곳마다 가을이 익어간다
내 가슴 속에서 일렁이는 글밭
울타리를 만들어가는 작품세계
내 안쪽에서 꿈틀거리는 묵상을 건져 올리기 위해
마음 텃밭 깊은 곳에서 씨앗들을 일깨우고
물을 뿌려준다
글 타래를 풀어보려 창작의 열꽃을 피운다
고독한 일상을 서성이고
삶의 리듬을 파헤치고
낙엽 지는 언덕을 서성이며
한 편의 詩에 고뇌를 담는다
시는 마음이고 삶의 언덕이다

송화다식(松花茶食)

꽃샘바람 지나간 자리
수줍음에 차마 고개를 들지 못하는 할미꽃
붉은 빛 곱게 아지랑이가 분단장을 시킨다
유리창 너머로 어린 날의 봄이 밀려온다
바람 부는 날이면
송화처럼 번지는 그리움
어머니는 송화를 따시곤 하셨다
오라비 장가갈 때 송화다식 한다고
앞치마 한 가득 사랑을 퍼 담으셨다
어머니의 그 손길
그리운 세월이 송화처럼 노랗게 물이 든다
창밖으로 포근하게 다가서는 그리운 고향

선운사

잔잔한 개울물 소리
숲속의 길을 따라 나섰다
수많은 불심들이 정토에 들어서듯
여유로운 마음으로 오고 갔을 이 길
일상의 굴레를 벗고
넉넉한 마음 고요와 벗하니
지나간 자리 헤아려보며
뉘우침으로 번뇌의 굴레를
한 꺼풀 벗어볼까
합장하며 머무는 곳
대웅전 법당이 되었다

머문 자리가 동백처럼 환하다

마루에 누워

청원사 긴 마루에
뜬구름 바라보고
누워 있는 저 중생아

속세의 무거운 짐
바리바리 내려놓고
무슨 번뇌 잠겼는가

고해의 망상 속에
들려오는 목탁소리
마음을 비워라

산속의 자생초처럼
하늘의 구름처럼
바람 부는 대로 내어주고
지혜롭게 살라 하네

설악동

철썩이는 바닷물 소리에
내 심장의 박동을 보탠다
설악산은 바람을 잡아 세우고
산 정수리에 걸린 운무는
천상으로 오르는 여인의 비단옷 같다
구름을 밀어내며 번지는 햇살은
하늘이 내게 주는 축복 같은 빗살이었다
잔설이 눌러앉은 설악의 골짜기
오는 봄을 막아서고 있다

피리

청렴도 모자라 마음까지 비우고
대나무 곧은 성품 그대로 태어나서
마디마디 고운 소리 가슴에 품는다
달 밝은 밤
구슬픈 저 소리는 바람마저 외돌게 하고
여인네의 애간장 살살 녹아든다
뭇 사내의 대쪽 같은 마음도 허물어진 밤
밤이면 밤마다 들려오는 피리소리
오늘 밤 어이 잠들리

국화꽃

뒤뜰 소나무 사이
산새는 오르내리고
서리꽃 속의 국화
가늘게 흔들리고 있다
술독에 담아보니
맑고 그윽한 향기는
술맛을 더하고
깊게 저며지는 향기 또한
오감을 자극한다
한 모금의 술에
한 수의 시가 살아난다

친구

오늘은 모임이 있는 날
저마다 삶의 보따리를 풀어놓고 수다 떠는 날
공통된 주제, 자식 걱정
길고 긴 터널을 지나온 삶들
희로애락의 삶 속엔 근심으로 반평생들
친구여 이제는 마음의 문을 활짝 열고 뛰어보자
넓은 치마폭처럼 너그럽고
따뜻한 가슴으로 산소 같은 삶을 살아보자
누군가에게 조금이라도 긍정적인 영향력을 주며
늙어 가자꾸나
가정이란 울타리 안에서
삶이 묻어나는 영혼의 노랫소리로
탑을 쌓아 올리듯 노력해보자

굴 굽는 마을

옛 맛 그리워 다시 찾았네
흘러가는 노랫가락에 바다가 출렁이고
지나온 회한들을 한판 술에 풀어
방파제 비릿한 바람에 기대어 본다

석화의 굳게 다문 입술
슬그머니 입을 열고
싱싱한 굴 한 점에 묻어나는 삶
건네는 여담 속에 듬뿍 담긴 정

각박한 세상
덤 같은 세월
주인의 후덕한 웃음에
바다가 출렁이네

거둬가는 노을

하늘을 헹궈내던 햇살이
시간의 덫에 걸려
밀려드는 아쉬움과 긴 노을 끝에서
해는 저물고 어둠은 아직 서성이는데
돌아눕지 못한 생의 자락들이
말없이 엎드린 세월을
숨 가쁘게 널어놓은 일상들을
길어지는 그림자에 묻어나 볼까
절절히 떠는 그리움으로

단풍잎

바스락
걸음을 내디딜 때마다
가을 부서지는 소리가 마음을 흔든다
붉거나 노란 가을
가을은 높은 하늘을 떠받들고
붉은 카펫을 하늘에 펼친다
여름내 잎 속에 가뒀던 태양을 밖으로 밀어내는지
한 시절을 풍미한 삶의 마지막 몸부림인지
자지러질듯 한 줄기 바람에 제 몸을 떤다
내 가슴을 붉게 물들인다
제 몸을 태우면서 타오르는 열정처럼
가을을 장식한다

차(茶)

찻잔 가득 녹아 있던
산새의 재잘거림이 모락모락 기어 나온다
시에 대한 나의 목마름은 채워지지 않고
빈 가슴 속에 불어오는 건
산사 뒤 숲의 대나무 바람소리뿐
입안 가득 번지는 차향만이
언어들을 가두고
대숲을 빠져나온 공허가
흘러가는 바람을 궁굴리고 있다

운주사

산문을 들어서면서
돌부처의 무거운 말씀들을 헤아려본다
어렴풋이 새겨진 눈과 코, 그리고 귀
석불들의 처진 어깨에 천년의 세월이 묻어 있다
떨어져나간 민머리 위에는
밤을 지켜온 서릿발들이 송골송골 맺히고
긴 침묵에 빠져 있는 와불은
언제쯤 일어날 것인지 아무도 예측하지 못한다
새로운 세상이 온다는 그날 또한
누구도 예측하지 못하기 때문,
흰 구름은 아는지 모르는지 와불을 내려다보며
먼 길을 떠나고 있다
거센 바람이 석탑들을 뒤틀고 있다
탑신마다 피어 있는 돌 꽃 같은 검버섯이 흔들리고
나그네의 마음도 흔들린다
언젠가는 벌떡 일어날 돌부처를 생각하며
기와불사 한 장으로 마음을 전한다

(운주사 : 전라남도 화순군 도암면 대초리 영구산 기슭에 있는 절)

봄 아씨들

창밖에 춘산이 보인다
어느새 연초록 고운 옷 갈아입고
산새는 흥겨움에 지저귀며 날아간다
하얀 구름들도 여유롭다
베란다 맑은 창가로
마실 오는 실바람 맞이해주리
활짝 핀 진달래 너울너울 춤을 춘다
아지랑이 아롱다롱 피어나는 날개 따라
맨발 벗은 채 나도 창을 열고 뛰어나가
봄 아씨들 반기며 마중나가리

| 서평 |

불심(佛心) 깊은 서정적 이미지와 인생의 함축

손희락

(시인·문학평론가)

1. 운명적 사건 - 시(詩)와의 만남

오숙자의 시집 원고를 읽었다. 그 옛날, 청동화로를 품에 안고 한 남자의 아내가 되어 불꽃을 지피던 그날부터 첫 시집을 상재하는 오늘에 이르기까지 삶의 흔적들을 감지할 수 있었고, 각 작품 속에서 연꽃으로 피고 싶은 시인의 언어는 진솔한 인생길을 행복하게 걸어온 복된 여인으로 노출되고 있다.

남녀를 불문하고 인간으로 태어나 생을 마치는 마지막 순간까지는 화려한 삶을 원하는 본능적 욕망의 발현 때문에 고뇌하고 갈등하며 발버둥치다 가는 것이 인생이다. 삶의 고갯길을 힘들게 올라 편안하게 휴식할 때쯤, 전혀 예상치 못한 낭떠러지나 벼랑 끝에 추락하는 고통스러운 사건들을 만나게 된다. 복된 사건을 만나는 사람은 중년 이후 노년으로 가는 삶의 여백이 평탄해지겠지만, 그렇지 않을 때는 절망이란 난제 앞에서 비관의 눈물을 쏟아내며 괴로워할 수밖에 없을 것이다.

밤이 다가오고 두꺼운 침묵이 깔린다
잎을 돌려보낸 나뭇가지
차가운 달빛을 걸치고 바람 속에 서 있다
그 나무의 세월을 더듬어본다
몇 굽이였을까
돌고 돌아온 내 세월의 모퉁이는

어느 날 나를 찾아온 시
가려움을 긁어주고 나를 대변해주는 시
다정하게 나를 끌어안는다
가끔은 별처럼 반짝거리다 사라지는 언어(言語)
잡으려 하면 더 멀리 달아나는 언어들

삶의 진실을 건져 올리는 일
시의 손목을 잡아보는 일
몇 굽이 삶의 모퉁이를 더 돌아야 이룰 수 있을까
공연히 차가운 밤에 침묵만 더해본다

–「삶의 모퉁이」 전문

인생의 고갯길, 삶의 모퉁이를 돌고 돌아 정상, 7부 능선쯤에 도달한 시인에게 찾아온 운명적 사건은 무미건조한 일상을 변화시키는 큰 파장을 일으키며 축복의 탈을 쓰고 다가온다.

2연에서 보면 자신의 삶을 대변해줄 수 있는 시(詩)를 만났다고 진술하고 있는데, 이때부터 언어의 집을 짓는 행복한 작업에 몰두하게 되었음을 유추할 수 있다.

3연에서는 자기만의 감각과 시법으로 삶의 진실을 건져 올리고, 맛깔스런 시를 쓰는 일이 쉽지는 않았다고 고백한다. 등단에 이르는 긴 사연들이 나열되지 않았지만, 새벽까지 잠들지 못하고 시어 하나를 찾아 헤매는 예비 시인의 고뇌가 수반되었을 것이고, '시를 만난 사건' 은 자신의 인생을 걸고 한 남자에게 시집을 가던 그날만큼 벅찬 기쁨과 설렘, 감동으로 파도쳤을 것이다.

화자가 시인이 되고 싶은 꿈을 잉태한 때는 순수의 미모를 뽐내던 소녀의 때인지도 모른다.

그 아름다운 꿈을 망각한 채 살다가 황혼, 인생의 막바지에 이르러 등단(登壇)이란 옥동자를 해산할 수 있었다는 것은 운명적인 사건이 아닐 수 없다.

시집 프로필에서 밝히고 있는 대로 2007년 문단에 데뷔하기까지 삶의 진실을 건져 올리는 일, 시의 손목을 잡아보는 일은 쉽지가 않았을 것이다. 왜냐하면 열정적 시혼을 불태워 일념으로 구애하지 않고서는 시는 좀처럼 마음을 열지 않을 뿐더러 시의 세계를 명징하게 바라보고, 소유한다는 것은 불가능하기 때문이다.

늦깎이 등단의 과정을 통과했지만, 시집 전체를 관류하고 있는 메시지의 응결이나 불심 깊은 노랫가락으로 울려 퍼지는 진솔한 목소리는 동시대를 함께 살아온 사람들의 시선을 끌면서 시적 완결감을 높여가고 있다.

고단한 시집살이에 대한 불만을 잠재우는 해소차원이나, 절망에 사로잡힌 자포자기의 의식이나, 일상의 수다에서 탈피하지 못하고 있는 대다수 여성시인들의 장황한 수사적 작품에 비해서 오숙자의 시는 신선한 중량감을 지니고 있어 횡설수설하지 않고 깊은 진리들을 함축한다. 그리고 독자들과 상호 소통하는 데 있어서 무리가 없어 보인다.

한국문단에 그 흔적을 남길 수 있는 최소한의 '가능성'을 보여주고 있어서 안심이 된다.

2. 자아시학의 원천

오숙자 시학의 원천은 불교적 휴머니즘에서 찾아야 할 것 같다. 정제된 언어의 집을 간결하게 짓고 있는 시법 역시 처마 끝 풍경소리를 내며 산사에 묻힌 법당처럼 서정의 고요함과 자아(自我)를 깊이 있게 돌아보게 하는 성찰의 기회를 제공한다.

시인이 어떤 종교를 믿는지 간에 자신이 믿고 있는 종교적 가르침이나 진리적 교훈이 자아시학의 바탕이 되어 뿌리를 내리게 되고, 예민한 감수성과 내면의식, 여백으로 가시화되는 침묵들이 작품으로 표출되는 현상은 지극히 자연스럽다 할 것이다.

산사는 조용하다
추녀 끝 풍경이 나를 반겨준다
목탁소리는 정체된 나의 의식을 두드려 깨우고
숲속의 미물들을 깨우고
산속의 고요를 깨운다
게으름과 나태함에서 나를 깨우는 저 소리
저 목탁소리처럼 내 마음도 맑으면 얼마나 좋을까
저 소리를 닮고 싶다
내 안의 나를 일깨워
저 맑은 세상을 가슴으로 받아들일 때가 왔다
칠십 고개에서 깨우치고 가다듬어 터득해야 할 길
잔잔한 소리만으로도 모두를 감동시키는
저 목탁소리처럼
합장한 내 어깨 위로 햇살이 빛났다
조용히 흘러내리고 있다

–「산사의 목탁소리」 전문

고요한 절집을 배경으로 한 이 시에는 화자의 시학에 대한 특징을 나름대로 밝히면서 목탁소리를 각 행에서 반복적으로 부각시키고 있다.

부모로부터 유전된 불심을 지니고 예리한 혜안을 통해 세상을 바라보며 인생길을 걸었지만, 어느덧 칠십 고개에 이르렀다고 고백하고 있다. 일평생 목탁소리 속에서 세상 미혹과 번뇌를 씻어내고 탐진치(貪瞋痴)를 멸하는 투쟁의 삶을 살았을 것이다.

이 작품에서 시인은 목탁소리는 의식을 깨우고, 숲속의 미물을 깨우고, 산속의 고요를 깨운다고 말하고 있다. 오숙자의 시는 깨우치는 역할을 감당한다. 자아 체험을 모델로 삼은 진리적인 메시지가 함축되어 있고, 그 메시지에 귀를 기울이면 고요한 산사의 목탁소리가 울려 퍼지고 있다.

기독교를 믿는 시인의 시에서는 타인을 위해 기도하는 메시아적인 중보기도 소리가 나야 하고, 불심이 깊은 시인의 시에서는 대중(大衆)을 일깨우는 목탁소리나 향을 태우는 향기가 진동해야 할 것이다. 그래야만 독자들이 감동을 받거나 자타(自他)를 깨우치는 성찰의 기회를 제공하는 생명력 있는 시가 되기 때문이다.

인생 칠십 고개에서 목탁소리가 나는 그런 시를 쓰고 싶다는 시인의 욕심을 엿보면서 평자는 그 소원을 헛된 욕망의 발현이라고 단정하고 싶지 않다. 왜냐하면 자신이 체험한 서정적 이미지로 깨달은 인생을 노래하고 있기 때문이다.

연꽃 피었네
진흙 속에서도 청아하게 피어나는 향기로운 꽃
우아한 자태로 정진하고 있네
맑게 살라고
세속에 때 묻지 말라고
맑은 이슬 굴리며 조용히 속삭이고 있네
부드러운 줄기로

아름다운 매무새로 자신의 지조를 지키고 있는 꽃
연잎 위에 떨어진 욕심들 떼구르 굴려
제 안의 번뇌를 줄이는 지혜로운 꽃
넓은 잎처럼
세상을 품고 살라 조용히 일러주네

–「연꽃」 전문

오숙자의 시에서 나타나는 특징은 사물과 자신을 하나로 묶어서 의인화시키는 시법에 노련하다는 점이다. 또한 어떤 관념에도 매이지 않고 사물이나 사건, 눈앞에 펼쳐진 현상을 이미지로 형상화시킨 다양한 사물시(事物詩)들이 시선을 사로잡고 있다. 시의 구성에서 행과 행을 가르는 작업을 좀더 신중히 할 수 있다면, 독자들에게 감동을 극대화시킬 수 있을 것 같다.

시인은 이 작품에서 진흙 속에 핀 연꽃을, 정진하고 있는 보살들이나 자신과 동일시하고 있다. 연꽃이 피어 있는 연못은 자신이 살고 있는 현실이나 넓은 세상으로 직관하고 있어서 연꽃과 자신을 하나로 묶는 데 성공하고 있다. 그리고 연꽃과 대화를 나눈다. 시인은 자신의 시야에 포착되는 모든 사물과 대화할 수 있는 능력을 지녀야 하고 신비한 교감이 이루어져야 한다.

결국 시인들의 보편적인 고민, 시가 씌어지지 않는다는 고백은 이 세상에서 연꽃으로 피어 있지 못하고, 흙탕물 속에 잠

겨버렸거나 맑은 시심이 오염되어버렸기 때문이다. 세상을 관조하고, 사물과 대화하고, 교감할 수 있는 시인이라면 세상 연령은 숫자 놀음에 불과할 것이며, 온갖 체험과 결합된 신앙적 토양 위에서 시학의 뿌리를 더 깊이 내릴 수 있을 것이다.

오숙자 시인이 침묵으로 부르는 노랫가락에는 불교적 사상으로 흐르는 해탈의 풍경소리가 시의 맛과 품격을 한층 더 높여주고 있다.

3. 자아 확인, 삶의 즐김

시인이 되어 시를 쓴다는 것은 참으로 어렵다. 막연한 관념들이 가슴 속에서 수없이 스치고 떠올라도 객관적 상황이나 사물 혹은 사건들과 결합하여 이미지로 구체화하고 내면을 형상화시킨다는 것은 노련한 시적 기법이 수반되어야 한다.

화자의 작품들을 읽어보면 어떤 시들은 독자들을 배려하여 아주 쉽게 씌어져 있는가 하면, 어떤 작품은 신앙적 진정성을 표출시켜 힘과 용기, 소망을 안겨주려고 애쓴 흔적들이 감지된다. 비록 문단에는 늦게 모습을 드러냈지만, 위축되지 않고 당당하다.

여기 이곳에
거목 한 그루 있다
바람이 머물도록 푸른 잎을 내주고
햇살이 쉴 수 있게 허공에 물길을 내주는

일흔의 고개를 지켜낸 거목 한 그루가 있다
그 나무 삼남매의 그늘이 되고 뿌리가 되어
마디와 마디 사이 사랑의 행간을 일구고 있다
한 줄기 바람에도 마음의 결을 세우고
한 모금의 물기에도 오아시스가 되는 그런 사람
여기 한 그루 거목으로
우뚝 서 있다
삶의 물결로 나이테를 만들고
모진 세월 뿌리 깊은 사랑으로 거머쥐고
숲을 이루고 열매를 맺는
든든한 거목 한 그루
이곳에 있다

–「거목」 전문

이 시를 읽어보면 정상에 가까운 일흔의 고갯길에 서 있지만 매우 당당하고 확신에 차 있다. 자아 대변적인 긍정적인 눈빛으로, 나는 세상이란 산에서 한 그루 '거목' 이 되었노라고 진술한다. 과거 살아온 날들보다 살아갈 날의 잔고가 적음에 대하여는 심각하게 고민하지 않는다. '나는 거목이다' 마치 최면성 주문을 외우는 듯, 죽음이란 종착역을 향해 달려가고 있는 슬픔이나 고뇌는 찾아보기가 어렵다. 일흔의 고갯길 넘고 있는데 동행하는 자식이 없거나 자식들의 그늘과 생존의 뿌리가 되어준 경험이 없는 노년들이 있겠냐마는 화자는 삶에 대해서만큼은 자신감이 넘쳐난다.

이 시집이 출간되면, 혈기왕성한 젊은 세대보다는 비슷한 세월을 살아오신 분들의 손에 들려져 읽혀질 것이다. 이 시 한 편이 노년의 삶을 살고 있는 분들의 의식을 바꾸고 자아 인식을 새롭게 하는 계기가 될 수 있다면, 시집의 상재는 그것만으로도 의미가 있을 것 같다.

삶이란 때로는 심각하게 고뇌하고 슬퍼해야 하지만, 마지막 그날까지 즐기는 여유와 낭만이 필요하다는 것을 이 작품에서 시인은 강조하고 있는 것이다.

인생이란 비옥한 땅, 양지에 심어져 긴 세월만 흘렀다고 해서 누구나 거목으로 자라는 것은 아닐 것이다.

짧은 그림자 속에
상점의 한 모퉁이를 장식하고 있는 고무줄에서
내 유년의 세월이 튀어 나오고 있다
수런거림 속에 고무줄에서는
팔딱팔딱 뛰는 놀이가 살아서 맴돌고 있다
친구들과 깔깔대며 노래에 맞춰 감고 풀고 뒤돌아서는
나의 살던 고향 꽃피는 산골
복숭아꽃 살구꽃 하며 목청껏 노래하던 어린 시절
개구진 남학생이 고무줄 끊어놓고 도망가는 뒷모습이
오늘도 아련히 떠오른다
잠시나마 어린 유년의 시절에
행복의 미소를 지어보았노라고

–「고무줄」 전문

오숙자 시인이 삶과 현실을 즐긴다는 것은 물질적으로 풍요로워서 쾌락을 즐긴다는 의미만은 아니다.

과거, 현재, 미래의 시간을 자유롭게 순환하며 의식 속에서 왕래할 만큼 예민한 감수성과 순수함을 지니고 있다는 뜻이다.

위의 시가 언제 씌어졌는지는 모르지만, 상점 모퉁이에 걸려 있는 긴 고무줄 묶음을 발견하고, 시공을 초월하여 과거 속으로 돌아가 팔딱팔딱 상상의 고무줄을 뛰고 있는 유년시절의 시인을 발견하게 된다.

현재 거울 앞에 비쳐진 모습까지 몽땅 과거로 되돌릴 순 없지만 아련한 추억 속에 잃어버리지 않아야 할 과거를 복원하고 소녀가 되어 행복에 젖어보는 것은, 삶의 여유일 수도 있겠지만 시를 쓰는 시인이기에 가능한 일인지도 모른다.

현실은 고통 속에서 비참한 누더기 옷을 걸치고 찾아와도 그 현실을 초월하거나 현실 뒤에 가려져 있는 상상의 세계 속으로 화려한 자아가 파고든다면, 삶과 인생에서 백세(百歲)가 되어도 노년이란 존재하지 않을 수도 있는 것이다.

일흔이 넘어 육체적인 시력은 점점 흐려져가도 시적 소재를 포획하는 시안(詩眼)이나, 감성의 눈은 밝아 초월적인 시력을 유지하고 있음을 이 작품 속에서 확인할 수 있어 흥미롭다.

가끔씩, 모든 것들로부터 해방되고 싶다
나를 옭아매는 일상들
특툭 털고 홀가분하게 풀려나고 싶다
이럴 때 여행길에 오르는 것은

나만의 자유를 찾아보는 일이다
그러나 나는 돌아온다
떠나는 것은 돌아오기의 연습임을 알고 있으므로
더 큰 떠남의 준비를 끝내기까지
작은 나들이를 하고 있는 것이다
탄생의 순간부터 새로운 탄생으로 돌아가기까지
수없는 나들이를 연습하는 生
나는 오늘도 짧은 여행길에 오르며
나들이의 목록 하나를 챙긴다

–「나들이」 전문

화자는 삶을 즐기는 방편으로 여행을 선택한다. 국내외 여러 곳을 다니면서 시의 소재를 얻어내고, 목도한 사물·정황·사건 앞에서 직관을 작동시킨다. 그래서 얻어진 다양한 시편들이 이번에 시집으로 묶어진다.

이 시에서 평자가 주목하고 싶은 것은 함축된 불교의 윤회사상이다. 삶과 죽음이란 명제를 크고 작은 나들이로 인식하고 있어서 그런지 죽음에 대하여 초연한 시인의 모습을 발견하게 된다. 죽음이란 종말적 사건이 아니라 새로운 시작으로 들어가는 윤회의 한 과정이란 믿음을 가지고 있기 때문에 담담하게 생을 즐기고 있는 것이다.

위 시의 6행에서 보면 "나는 다시 돌아온다" 진술하고 있다. 인생의 여행에 대한 지혜로운 판단과 진리·지식이 내포된 작품이다. 불교의 윤회사상에 의해서 인생의 일부분만을 보고 고민하는 것이 아니라 돌고 돌고 도는, 삶과 죽음에 대한 오묘한 이치를 통찰하고 있기 때문에 죽음을 맞아 떠나도 언젠가는 반드시 돌아온다는 확신에 차 있어서 삶과 인생을 적절히 즐기고 있는 것이다. 그러므로 떠날 준비, 다시 돌아올 준비에 대하여 어느 정도 완벽하지 않을까 싶다.

가톨릭 교인이었던 故 천상병 시인은 세상의 삶을 '소풍' 으로 묘사하였고, 불심이 깊은 오숙자는 '크고 작은 나들이' 라고 단정하고 있다. 소풍이나 나들이나 그 의미는 동일하다. 그런데 국내외를 떠도는 나들이인 작은 여행들은 큰 나들이(죽음)를 위한 예행연습이라는 인식이 놀랍다. 큰 행사를 앞두고는 예행연습을 철저히 한다. 화자의 표현대로 수많은 예행연습을 반복하다가 어느 날 본 행사에 참여하게 된다는 것을 기억하면서 단 한 번의 삶, 후회 없이 살다 가야 할 것이다.

4. 마무리 - 표제의 의미

시인은 첫 시집의 표제를 『청동화로』라고 붙였다.

표제시를 읽으면서 나는 깊은 생각에 잠기게 되었다. 왜냐하면 시집에 수록될 수많은 작품들 가운데서 표제로 선택한 청동화로의 암시, 그 깊은 뜻을 이해할 수 있었기 때문이다.

> 시집올 때 가져온 청동화로
> 숯덩이 가득 담아 시집살이 녹이던 화로
> 아낙네들 수다가 녹여지고

삼종지도의 사연들이 녹아들던 질퍽한 화로
어린 것들 잠든 밤
늦은 귀가를 기다리다
인두질에 깊은 밤은 하얗게 새고
바늘귀보다 팍팍한 시집살이
한 땀 한 땀 봉하던 밤
청동화로의 불꽃들이
추억으로 되살아난다

-「청동화로」 전문

화자는 시집올 때 혼수품으로 청동화로를 가지고 온 것 같다. 물론 시대가 변한 지금은 사용하지도 않겠지만, 깨어지지 않는 것이다 보니 반짝반짝 닦아서 보관하고 있을 것이다.

4행에 보면 시인은 그 화로를 '삼종지도(三從之道)의 사연들이 녹아들던 화로'라고 소개하고 있다.

여자로 태어나서 어려서는 아버지, 출가해서는 남편, 그 후에는 자식을 위해서 희생하고 따라야 한다는 도리를 지키며 살아온 수많은 세월과 사연들이 청동화로 속에서 한 줌 재로 변하여 소멸되지 않고, 한 권의 시집으로 탄생하는 것이니 의미가 깊다.

시집올 때는 청동화로를 가지고 왔지만, 이제 이 세상을 떠날 때는 자식과 후손들에게 영원한 기쁨이 될 또 다른 성질의 청동화로, 시집을 남기려고 하는 것이다.

그렇다면 늦게 등단하여 시가 씌어지고, 씌어진 시들이 청동화로의 일부분들이 되어 빛을 발하게 되는 사건보다 더 큰 기쁨은 존재하지 않는다고 생각할 때, 이 책에 서평을 남기는 평자 역시 행복에 젖게 된다.

지금도 기다리며 여태 살아왔는데
여기 잠시 몇 분을 못 기다려
서둘러 지나간들 무엇이 달라지랴
오 분 앞서 가려다 오십 년을 먼저 가는 인생아
아직도 수없이 넘어야 할 미로의 세월들
다급해하지 마라 질주하는 차량들아
미친 듯 날뛰지 마라 저승길이 코앞이다
마음 다소곳 더 기다리자

–「신호등 앞에서」 전문

이 작품에서 시인이 전하고 싶은 메시지는 간결하게 노출되고 있지만, 그 어조는 살며시 꼬여 있다. 신호등 앞에서 기다리지 못하고 조급함을 갖는 행위들은 매우 어리석다고 강조하고 있다. '너희들이 뛰어 봤자, 빨리 건너가 봤자 별 볼 일 없다' 는 자신의 체험적인 진리를 강조하고 있는 것이다.

화자가 붉은빛 신호등 앞에 서 있을 때 여기저기서 무단 횡단하는 사람들을 포착하였기에 순간적인 직관에 의해서 초고시가 씌어졌겠지만, 이 시의 핵심은 마지막 행 '마음 다소곳 더 기다리자' 는 결론으로 나타나고 있다.

21세기 사회적인 문제로 대두되고 있는 자살사건들은 심각하다. 유명 연예인에서부터 청소년들에 이르기까지 기다리지 못하고 절망의 발걸음, 무단횡단하고 있어 안타깝다. 위의 시에서 전하는 메시지처럼 자신에게 주어진 사명, 묵묵히 감당하고 가는 올바른 삶의 자세가 요구되는 시대이다.

화자는 신호등 불빛이 바뀌는 그날까지, 가슴 속 도요에서 제2, 제3의 청동화로들을 제작하는 일에 몰두할 것 같다. 어느 날 길 위에서 쓰러져도 시집(청동화로)은 영원히 남아 그가 노래한 불심 깊은 노랫가락들을 태워가며 후대의 독자들에게 깨우침을 줄 것이기 때문이다.

오숙자의 시 작품에 대한 서평이 끝없이 이어질 것 같아 이만 줄이지만, 작품 속에 관류하는 메시지의 생생함이나 진리적인 함축, 시적 성공을 거두려는 열정은 매우 뜨겁고 상당한 수준에 이르고 있다. 시인으로서 생존가능성 역시 높아 보인다.

지금은 문예지가 범람하는 시인의 홍수 시대에 살고 있지만, 시인다운 시인을 찾기는 그리 쉽지 않다. 시적구성이 탄탄하고, 사물의 이미지를 선명하게 부각시키며, 탄력적인 언어로 여운을 남기는 메시지를 함축하는 데 있어서 능숙한 시인에게 기대를 걸어보고 싶다. 인생 이력과 결합된 깊은 불심으로 시간을 아껴가며 청동화로(詩)를 굽는 언어 수사의 틀에, 가슴에서 끓인 서정의 쇳물을 붓고 있다고 판단되기 때문이다.

인연이 닿는 독자들에게 일독을 권한다.